¡HOLA, SOY ROSIE!

Nicole M. Sigler

Ilustrado por Marian Naseif

Copyright 2020 por Nicole M. Sigler
Todos los derechos reservados

A mi dulce niña, Isabella Rose, porque eres mi mayor regalo. Espero que siempre brilles y resplandezcas como la estrella que eres. Te amo tanto y me enorgulleces todos los días. "¡Mejores Amigas por Siempre!"

 Con amor, Mami.

A mi Esposo, David, porque eres todo lo que siempre había esperado y deseado. Gracias por haber creído siempre que soy capaz de grandezas. Te amo. – N.S.

A veces actúo diferente a ti porque tengo autismo.

Hago cosas que pueden ser confusas para ti.

Como usar mis audífonos porque los sonidos fuertes lastiman mis oídos.

A veces uso mi chaleco especial que me ayuda a estar calmada.

Si estoy concentrada en algo como mi arte, es posible que no te responda.

Podrías volver a intentarlo, llamándome por mi nombre esta vez.

A veces agito los brazos y doy vueltas porque estoy emocionada o ansiosa.

No me gusta mirar a mis amigos a los ojos.

No es porque intente ser mala, sino porque me pone incómoda.

A veces se me hace difícil entender las palabras o decir las palabras que estoy pensando.

Un libro con imágenes o una tablet puede ayudarme a comunicarme.

Si me ves llorando y gritando, probablemente sea porque me siento abrumada.

Que me den un poco de espacio suele ayudar a que me calme.

Si te veo llorar porque estás lastimado o triste, quizás no te abrace, ni te pregunte si estás bien.

Esto es porque para mí es difícil entender los sentimientos de mis amigos.

Por momentos, me verás jugando sola. No es porque no quiera ser tu amiga.

Para ser más amigos, podría ayudarnos si me invitas a jugar contigo cuando me ves jugando sola.

Así que, recuerda de incluir siempre a todos cuando juegues, para que nadie se sienta dejado de lado.

www.ingramcontent.com/pod-product-compliance
Lightning Source LLC
Chambersburg PA
CBHW040731150426
42811CB00063B/1572